Federico Mompou
Música para Piano

Contents

This book © Copyright 2003 by Unión Musical Ediciones,
S.L. Madrid (España).
UMP100012 ISBN 0-7119-9896-5

Printed in the United Kingdom.

Unión Musical Ediciones S.L.
Calle Marqués de la Ensenada, 4
28004, Madrid.

Federico Mompou

Federico Mompou was born in Barcelona on the 16th April 1893. The French ancestry on his mother's side, had great influence on his musical education and subsequent work. He spoke perfect French and was always true to his French roots, which would explain his devotion for French composers such as Fauré, Debussy and Ravel. Mompou always felt as much at ease in Paris as he did in Barcelona. In 1909, his musical style underwent great developments after attending a series of concerts given by Gabriel Fauré in Barcelona, and his marriage to the great pianist, Carmen Bravo, reaffirmed his faith in the piano as the preferred medium for composition. Tomás Marco, great composer and Spanish critic, confirms without a doubt that the work by the pianist Mompou is among the most important produced in Spain during the 20th century.

In 1911, when Mompou turned eighteen, he wrote his first great work for piano, *"Impresiones Intimas"*. It reveals the main features of his musical style. He employs language that evokes a mystic vision that is concentrated and lyrical, and from this we can deduce that he considers the piano to be more of a vehicle for poetic expression than for virtuosic brilliancy. *"Pessebres"* ("Nativity scenes") written in 1917 and *"Cants màgics"* (1919), also confirms this. With the series of *"Canciones y Danzas"* (twelve pieces written between 1927 and 1962) Mompou reaches the pinnacle of his creativity. These are universally known works, especially the first four included in this album. Even though they are well recognised works, Mompou seemed opposed to the commercial aspect of music. His lyrical attitude which is distinctly unconventional and deeply personal, is not meant to be commercial and Mompou always rejected everything that could be considered "sellable" in music. He paid close attention to his inner conscience, avoiding convention and popular aesthetic movements. This attitude is what, ironically, transformed his music into such popular works. In the end, the authenticity of one's own language and sincerity, are values in themselves, and if thoroughly practised, make the work timeless and appealing.

Mompou composed like Chopin; "from" the piano. The music seems to appear from the piano keys themselves. His aesthetics are Romantic, as he recreates old legendary images but he is also an Impressionist, as he uses a harmonic language similar to that of the French masters of that era. However, Mompou was a nationalist at heart and he blended the Romantic and Impressionist elements with the themes obtained from the urban and country folk of his beloved Cataluña. But in spite of all this, the fountain of all his inspiration came from within himself, his personal feelings that are born from a life, deep and absorbed in thought. This is what makes his music so accessible. It isn't surprising therefore to learn that he was inspired by great mystic poets such as San Juan de la Cruz when writing his *"Cantar del Alma"* or when naming his *"Música Callada"* ("Silent Music"), one of his main piano works.

The lyrical character within his work explains why, after the piano, the concert lied is the most cultivated genre by Mompou, although his music for guitar, *"Canción y Danza XIII"*, or his oratorio, *"Improperios"* (1963), deserve recognition. Mompou was a man whose character was reflected in his music: discreet, cultured, kind and loyal. His death (Barcelona, 29th July 1987) was deeply and unanimously felt by composers, performers and music fans throughout Spain. Today his work continues to spread and become more accessible making Mompou one of the most influential figures of 20th century European contemporary music.

Manuel Chapa

Federico Mompou

Frederic Mompou nació en Barcelona el 16 de abril de 1893. La ascendencia francesa por parte de madre, tuvo gran importancia en su educación musical. Hablaba perfectamente el francés, recibió una formación muy concorde a sus raíces francesas lo que explica su devoción por compositores como Faure, Debussy o Ravel y siempre se sintió tan a gusto en París como en Barcelona. Su vocación compositiva recibió un fuerte estímulo durante la serie de conciertos que Gabriel Faure dio en Barcelona a lo largo del año 1909. Su boda con una gran pianista, Carmen Bravo, reafirmó su fe en el piano como territorio compositivo predilecto. Tomás Marco, gran compositor y crítico español, afirma sin dudar que la obra pianística de Mompou es la más importante producida en España durante el siglo XX.

En 1911, es decir, a los dieciocho años, compone su primera gran obra para piano, "Impresiones íntimas". En ella podemos encontrar los principales rasgos de su lenguaje. Una visión intimista, concentrada, lírica, que considera al piano mucho más un vehículo de expresión poética que un territorio de lucimiento virtuosístico. "Pessebres" –"Nativity scenes"- (1917) "Cants màgics" (1919), confirman esta la senda emprendida ocho años antes. Con la serie de "Canciones y Danzas" (doce piezas compuestas entre 1927 y 1962) Mompou llega a su plenitud creadora. Son obras conocidas universalmente, especialmente las cuatro primeras que se incluyen en este álbum. Sin embargo esta universalidad está conseguida "a pesar" de Mompou, pues su actitud lírica, ajena a las modas, profundamente personal, es muy poco "comercial" desde el punto de vista del consumo musical. Mompou siempre prescindió de todo lo que se puede considerar "vendible" en la música. Componía escuchando su conciencia interior, fuera de las convenciones, los movimientos estéticos y las modas. Esta actitud es, paradójicamente, la que ha convertido sus obras en populares. Al fin y al cabo, la autenticidad, el lenguaje propio, la sinceridad, son valores en sí mismos y, si se practican a fondo, convierten las obras en intemporales.

Mompou componía, como Chopin, "desde" el piano. La música parece surgir del propio teclado. Su estética es romántica, pues recrea antiguas imágenes legendarias, es impresionista, pues emplea un lenguaje armónico cercano a los grandes maestros franceses del impresionismo musical y es nacionalista, pues se funde con temas obtenidos del folklore urbano y campestre de su amada Cataluña. Pero por debajo de todo ello, como fuente seminal de su inspiración, late un misticismo propio y personal que nace de una vivencia ensimismada y profunda, lo que hace universal su música. Por ello no es extraño que, siendo un músico profundamente catalán, se inspirara en un gran poeta místico castellano como San Juan de la Cruz para componer su "Cantar del alma", o titulara "Música callada" ("Silent Music") una de sus principales obras para piano.

El carácter lírico de su obra explica que, tras el piano, sea el lied de concierto el género más cultivado por Mompou, aunque también la guitarra, "Canción y Danza XIII", o el oratorio "Improperios" (1963), merecieran su atención. Mompou era un hombre cuyo carácter coincidía con su música: discreto, culto, refinado, amable y buen amigo, no es de extrañar que su muerte (Barcelona 29 de junio de 1987) fuera profundamente y unánimemente sentida por compositores, intérpretes y aficionados a la música en toda España. Mientras tanto, su obra, atraviesa fronteras y se convierte en universal, en uno de los reductos líricos más firmes, personales e inimitables de todo el siglo XX.

Manuel Chapa

a mon cher maître F. Motte- Lacroix

CANTS MÁGICS

FEDERICO MOMPOU

I

II

III

Profond - lent

sota el pes de la son

(i)

(i) Sous le poids du sommeil

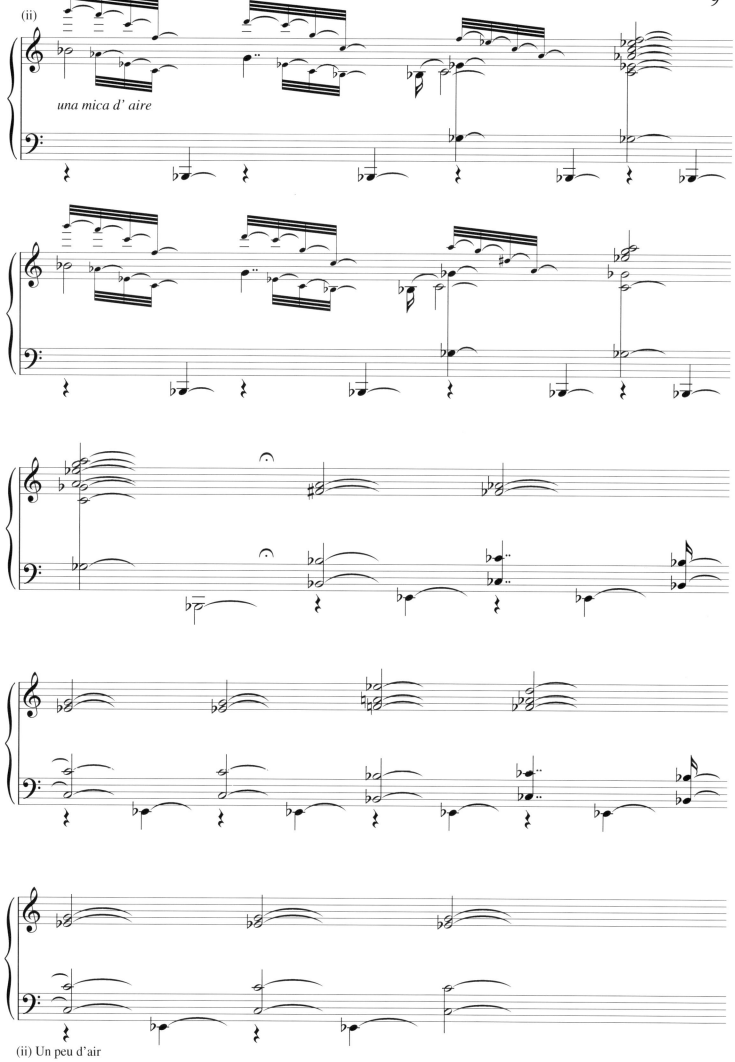

(ii)

una mica d' aire

(ii) Un peu d'air

IV

Misteriós

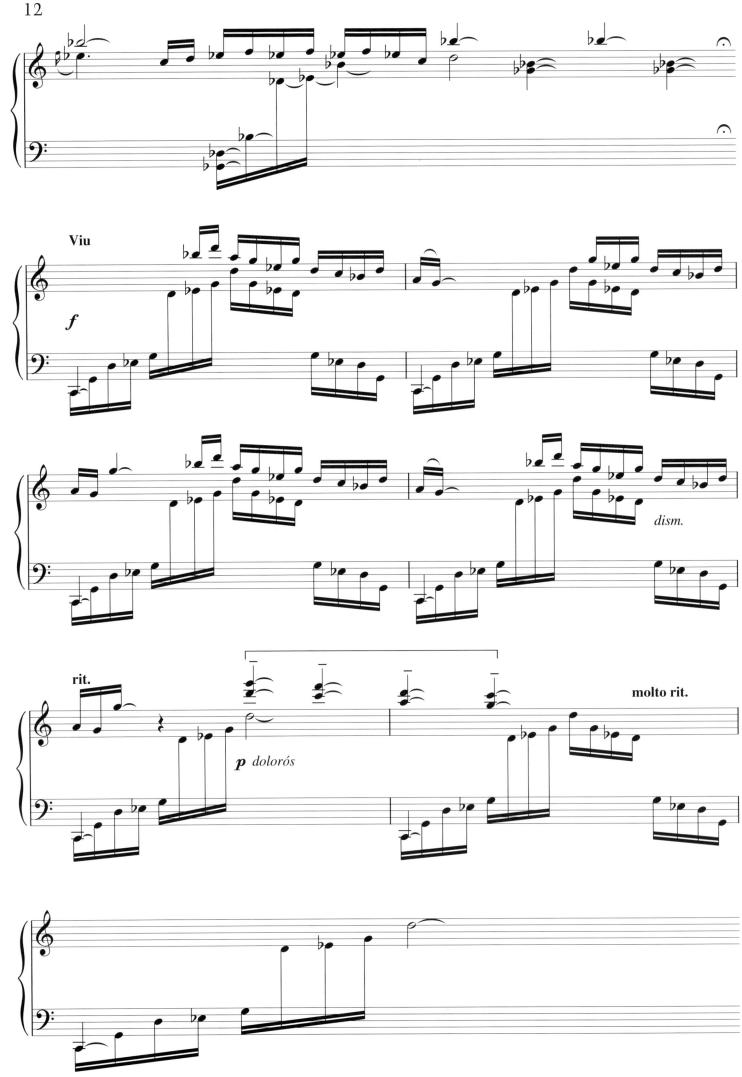

V

Tempo 1

CANCIÓN Y DANZA No.1

FEDERICO MOMPOU

CANCIÓN Y DANZA No.2

FEDERICO MOMPOU

a Frank Marshall

CANCIÓN Y DANZA No.3

FEDERICO MOMPOU

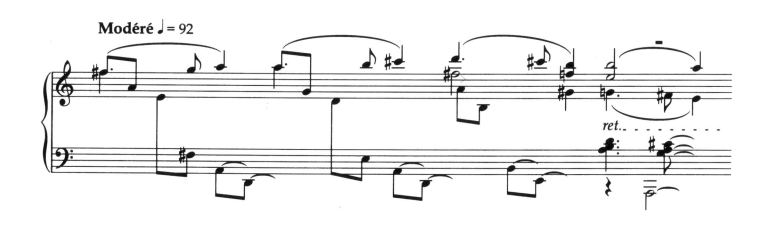

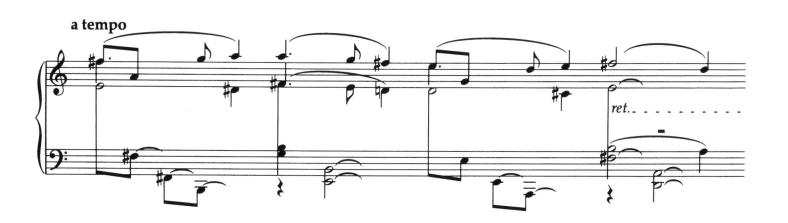

28

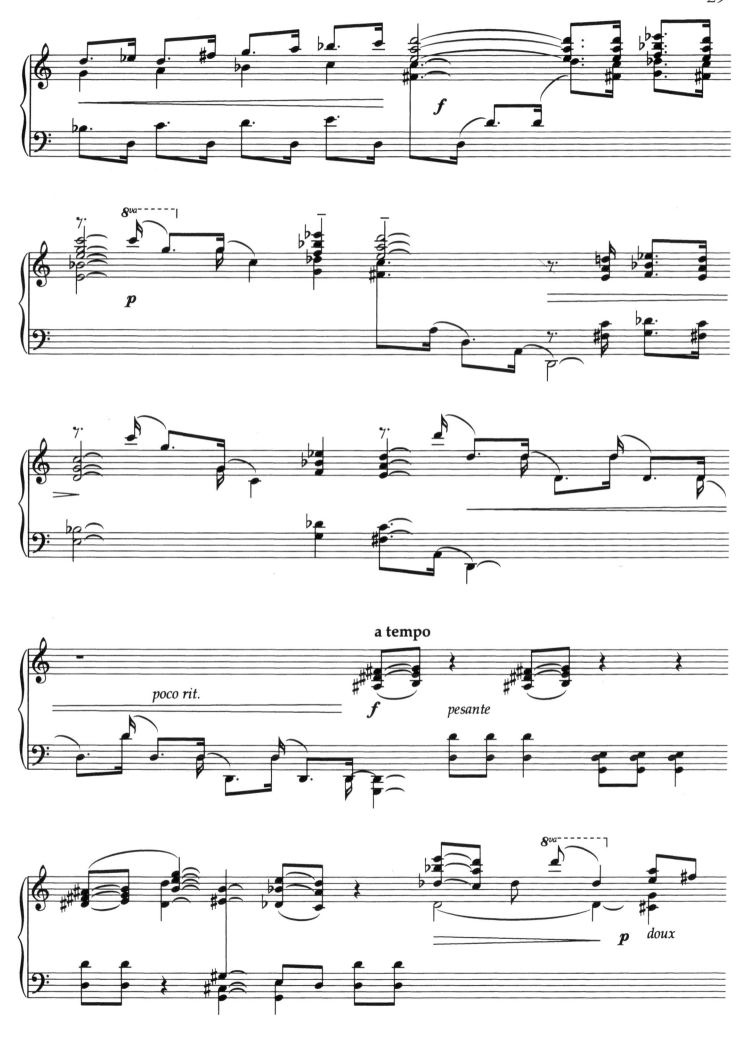

a madame la Princess Bassiano

CANCIÓN Y DANZA No.4

FEDERICO MOMPOU

El signe ⌢ equival a un petit retardant.
El signe — equival a un retardant més accenrunt

Passeig - Promenade

PESSEBRES
(Créches)

FEDERICO MOMPOU

L'ermita

FEDERICO MOMPOU

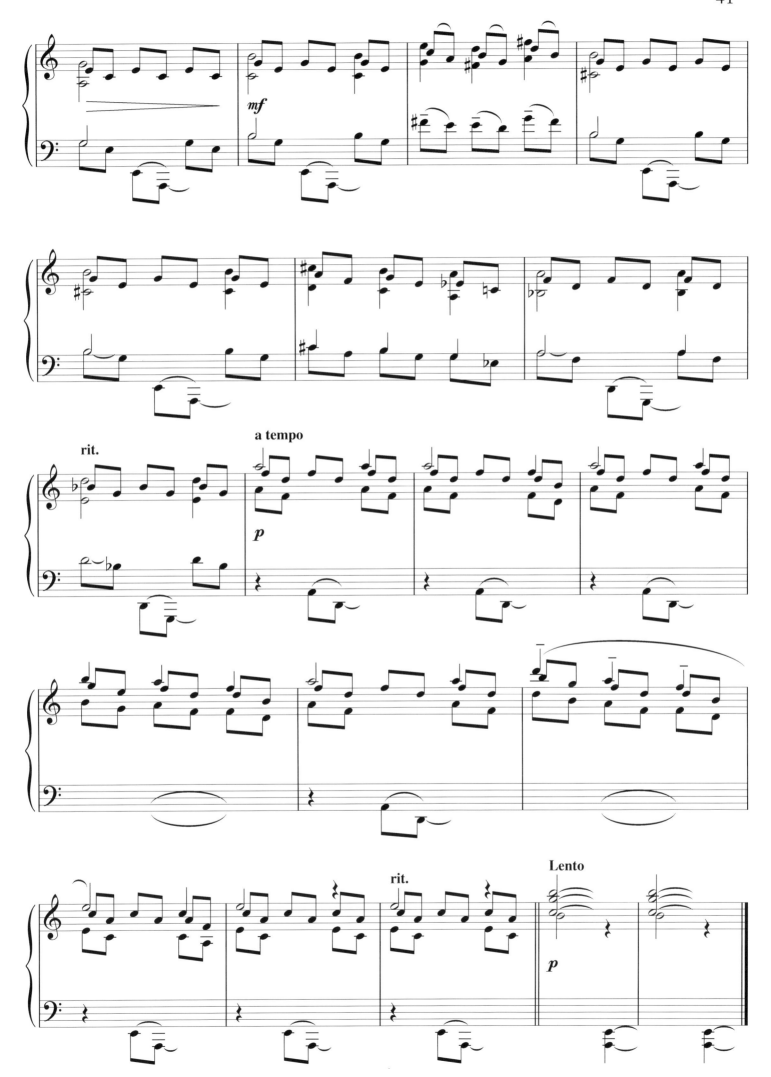

El Pastor

FEDERICO MOMPOU

a Agustin Quintas

IMPRESIONES INTIMAS
I

FEDERICO MOMPOU

II

III

a Juan Planella

IV

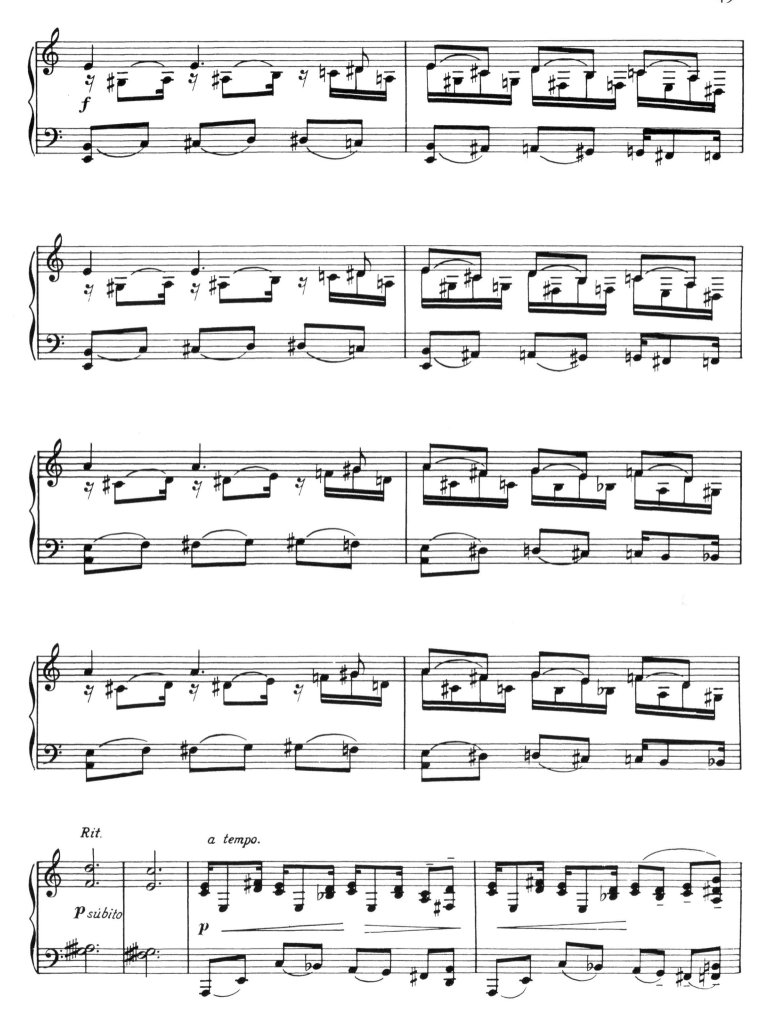

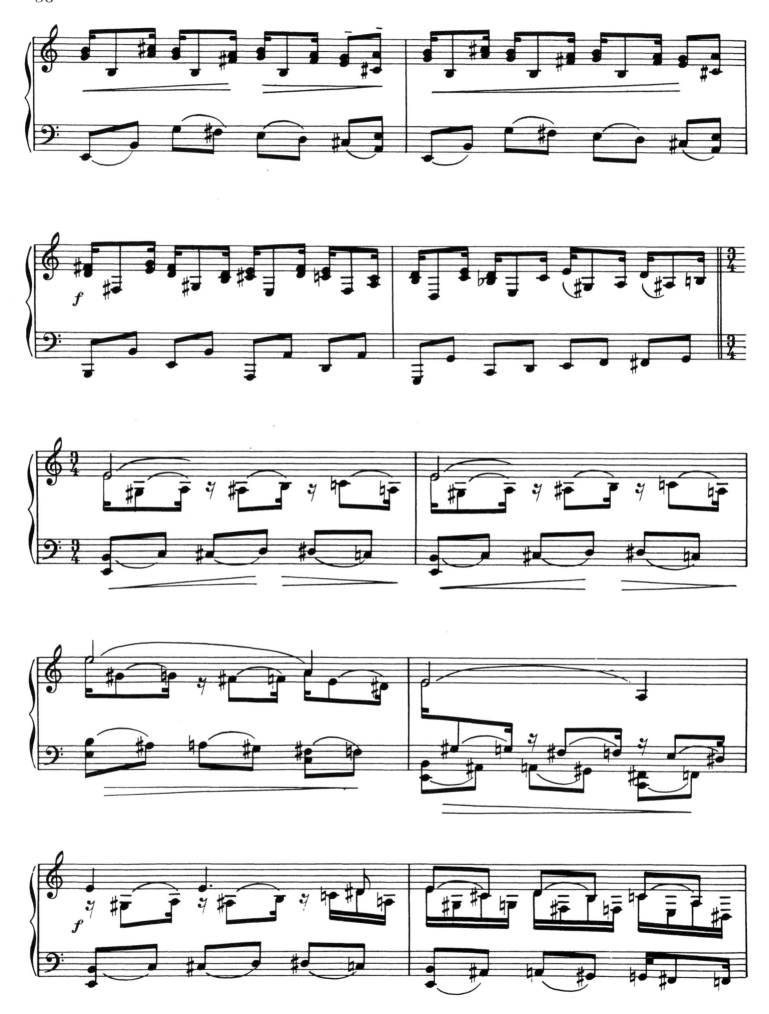

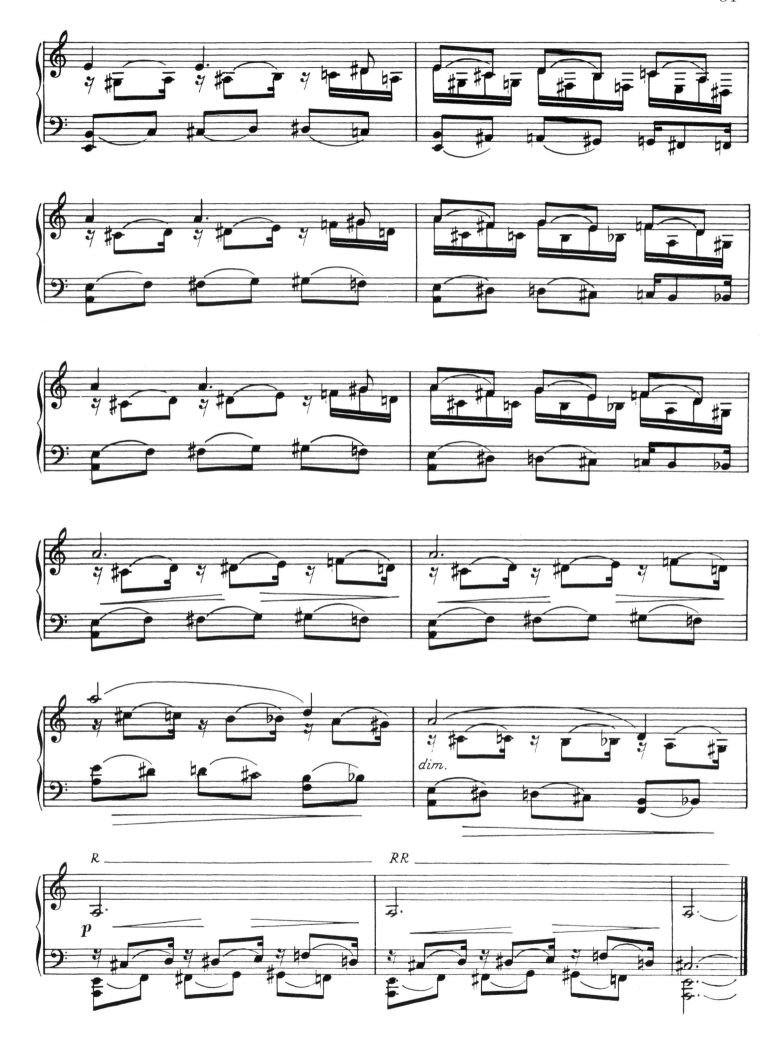

a Celia Suñol

Pajaro Triste

FEDERICO MOMPOU

a Antonia Vilaseca

La Barca

FEDERICO MOMPOU

a Rosa Suñol

Cuna

FEDERICO MOMPOU

a Josefina Miró

Secreto

FEDERICO MOMPOU

a mi maestro Pedro Sierra

Gitano

FEDERICO MOMPOU